Heilpädagogik für Anfänger

Wie Sie die Grundlagen der Sonderpädagogik leicht erlernen und Ihr Kind Schritt für Schritt heilpädagogisch fördern

Alina Wieding

INHALT

Das erwartet Sie in diesem Buch

Niemand ist perfekt, daher ist jeder Mensch auf seine eigene Art und Weise beeinträchtigt. Ein Zitat von mir persönlich, mag es im ersten Augenblick etwas seltsam klingen, doch beim Wiederholen jedes einzelnen Wortes wird einem schnell klar, welche Kernaussage diese Erläuterung mit sich bringt.

Wir alle sind Menschen. Lebewesen, aus tiefstem Herzen fühlend, lachend, lebend. Und auch, wenn jeder von uns verschiedene Erfahrungen macht, so haben wir doch eines alle gemeinsam: Eine perfekte Unperfektheit.

In den nachfolgenden Zeilen möchte ich mit Ihnen gemeinsam ein Thema unter die Lupe nehmen, welches für viele Menschen, doch vor allem auch für Eltern mancher Kinder eine hohe Priorität darstellt. Ein Thema, welches seit einigen Jahrhunderten bereits eine wichtige Rolle zur Begleitung von Menschen mit besonderem Unterstützungsbedarf spielt. Wir richten unser Augenmerk auf Eltern mit eben solchen Kindern und finden gemeinsam heraus, wie Ihre Teilhabe am gesellschaftlichen Leben durch spezielle Angebote unterstützt werden kann.

Der Begriff Heilpädagogik

WAS STECKT DAHINTER?

Bereits Ende des 19. Jahrhunderts konnte sich die Heilpädagogik zunehmend etablieren. Die Bezeichnung lässt sich zurückführen auf Jan-Daniel Georgens (1823–1886) und Heinrich Marianus Deinhardt (1821–1880). 1861 und 1863 verfassten sie ein zweibändiges Werk mit dem Titel "Die Heilpädagogik mit besonderer Berücksichtigung der Idiotie und der Idiotenanstalten".

In sogenannten "Idiotenanstalten" waren zu jener Zeit Menschen untergebracht, welche sowohl geistig, als auch körperlich beeinträchtigt waren. Heutzutage wäre eine solche Bezeichnung glücklicherweise undenkbar. Der Begriff „Heilpädagogik" lässt sich auch mit dem Begriff der „Sonderpädago-gik" gleichsetzen. Mit "heilen" im übertragenen Sinne hat dies allerdings auch wenig zu tun. Vielmehr setzt die Heilpädagogik auf eine ganzheitliche Betrachtung des Menschen. Dabei liegt der Fokus nicht auf den offensichtlichen Defiziten und Schwächen, sondern auf den vorhandenen Ressourcen und der sozialen Umgebung eines jeden Menschen.

Wer möchte schon ständig mit dem konfrontiert werden, was ihm aufgrund fehlender Ressourcen einfach nicht gelingen kann? Aus diesem Grund nimmt sich die Heilpädagogik der Menschen an, die aus verschiedenen Gründen einen höheren Unterstützungsbedarf haben. Mit entsprechenden, bedürfnisorientierten Methoden und Angeboten zielt sie darauf ab, Menschen zu begleiten und sie so zu stärken, dass eine Teilhabe am gesellschaftlichen Leben mit dem Fokus auf die Ressourcen jedes Einzelnen, möglich ist.

Heilpädagogische Fachkräfte beraten und begleiten Eltern, welche ein Kind mit erhöhtem Unterstützungsbedarf haben in Institutionen, Betreuungseinrichtungen oder auch zuhause. So kann es gelingen, Familien darin zu stärken, mit der besonderen Situation umzugehen und ihr Kind bestmöglich unter Einbezug seiner Ressourcen zu unterstützen. Sie als Eltern können dafür aus einem sehr vielfältigen Spektrum an heilpädagogischen Möglichkeiten schöpfen und die für Sie und Ihr Kind passenden Förderungen kennenlernen.

Inklusion

Vom Lateinischen "includere", also einschließen bzw. einlassen sowie dem damit verbundenen Substantiv "inclusio", Einbeziehung, abstammend, bezeichnet der Begriff ein Konzept, welches darauf abzielt, keine Unterschiede zwischen Menschen zu machen.

In der Gesellschaft soll es möglich sein, dass jeder Mensch mit seiner individuellen Persönlichkeit angenommen und akzeptiert wird. Insbesondere die Teilhabe an jener Gesellschaft soll uneingeschränkt und ohne Missachtung möglich sein. Was in der Theorie wunderschön und harmonisch klingt, ist in der Realität in unserem Land leider noch sehr ausbaufähig. Vielen Menschen hierzulande fällt es schwer, Menschen zu akzeptieren, welche in ihren Augen nicht der Norm entsprechen, die sie für sich selbst im Kopf haben.

Jeder Mensch muss für sie in ein bestimmtes Schema passen. Sei es mit seinem Aussehen, beruflichen Status, Größe, Gewicht, Religion, politischen

Einstellung, seiner kognitiven Fähigkeit, oder der Unversehrtheit seiner selbst. Gerade im Bezug auf Kinder ist dies sehr deutlich zu erkennen. Bereits bei den gängigen Untersuchungen durch Kinderärzte ab dem Zeitpunkt der Geburt, müssen Kinder sich den Tabellen und Entwicklungsstigmata unterziehen, welche seit Jahrzehnten schon fortbestehen.

Natürlich ist es gut und auch wichtig, dass es solche Richtlinien gibt. Schließlich benötigen auch Sie als Eltern eine gewisse Orientierung im Bezug auf die Entwicklungsbereiche Ihres Kindes. Allerdings sollte auch die Individualität des Kindes miteinbezogen werden. Diese Individualität ist das, was uns alle letztlich ausmacht. Die Grundessenz unserer Existenz. Wir alle sind so, wie wir sind. Und im Gedanken der Inklusion gibt es keine Perfektion, kein Schema F, oder eine bestimmte Norm. Die Norm ist die Verschiedenheit. Insbesondere im Bereich der Heilpädagogik spielt das Thema Inklusion eine entscheidende Rolle.

Durch Inklusion soll es jedem Menschen, aber insbesondere Menschen mit erhöhtem Unterstützungsbedarf, möglich gemacht werden, eine barrierefreie Teilhabe am gesellschaftlichen Leben genießen zu können. Dazu zählen beispielsweise barrierefreie Zugänge zu Städten, Restaurants, öffentlichen

Plätzen, aber auch das Wichtigste: Eine absolute Akzeptanz ihrer Persönlichkeit, ganz gleich ob mit oder ohne Beeinträchtigung. In einer Welt, die vom Gedanken der Inklusion geleitet und gelebt wird, bedeutet "Anders sein" nicht, am Rande der Gesellschaft zu stehen, sondern mitten drin, zwischen allen anderen Menschen, ohne dass sich jemand für ihre Beeinträchtigung interessiert.

Ich gebe zu, es ist ein sehr schwieriger Weg, genau das zu erreichen. Aber wäre es nicht eine tolle Vorstellung, wenn es auf der ganzen Welt funktionieren würde? Sicherlich ist der erste Schritt, Inklusion hierzulande weiter zu verbreiten und genau diese Vorstellung vom gemeinsamen Leben in der Gesellschaft mit entsprechenden Maßnahmen immer mehr zu etablieren. Es wurde schon Vieles getan und umgesetzt und das Thema Inklusion rückt immer mehr in den Vordergrund. Aufklärung und Transparenz sind hier sicherlich sehr wichtig, um die Gesellschaft für dieses Thema zu sensibilisieren. Im Sinne der Inklusion ist es Kindern mit einem erhöhten Unterstützungsbedarf bereits möglich, mit Schulbegleitung (entsprechend fachlich geschulte Personen) den Unterricht einer Regelschule zu besuchen. Oder auch mit Begleitung den Alltag einer Kindertagesstätte zu erleben.

Für Eltern bedeutet dies, dass es Ihrem Kind möglich gemacht wird, am gesellschaftlichen Leben teil zu haben und genau das zu erleben, was auch andere Kinder erleben können. Aber es bedeutet auch, dass in der Zukunft deutlich mehr solcher fachlich kompetenten Begleiter/innen gebraucht werden. Es sollte oberste Priorität sein, jegliche Mittel bereit zu stellen, damit jedem Menschen eine barrierefreie Teilhabe am gesellschaftlichen Leben ermöglicht werden kann.

Ziel sollte es sein, dass die Rahmenbedingungen in Bildungs-/ und Betreuungseinrichtungen so optimiert werden, dass eine barrierefreie Teilhabe möglich ist. Dies kann beispielsweise durch eine geringere Klassengröße in Schulen umgesetzt werden. Oder aber auch durch den Einsatz von zusätzlichem Personal. Ein weiterer, wichtiger Aspekt ist das Einsetzen bestimmter Materialien oder Veränderung von Räumlichkeiten.

All das würde dem Gedanken der Inklusion entsprechen. Menschen sollen sich nicht anpassen müssen, sondern das Umfeld muss so umstrukturiert werden, dass keine Barrieren entstehen. Sie als Eltern eines Kindes mit erhöhtem Unterstützungsbedarf wird das Thema Inklusion lange begleiten. Denn gerade dann wird man oft mit verschiedenen

Barrieren konfrontiert, welche man gemeinsam als Familie überwinden muss. Aber Ihr Kind hat Sie an seiner Seite, Eltern die ihm entsprechend kompetente Unterstützung im heilpädagogischen Sinn zukommen lassen und dafür sorgen, dass für Ihr Kind zumindest aus diesem Aspekt heraus die besten Möglichkeiten für eine Teilhabe am gesellschaftlichen Leben entstehen.

Heilpädagogische Förderung

WAS BEDEUTET ES FÜR ELTERN?

Förderung. Ein Begriff, welcher heutzutage, auch nach vielerlei Aufklärung und Wissen zum Thema Inklusion und Teilhabe, noch für viele Menschen negativ behaftet ist. Stellen Sie sich einmal vor, Sie erleben das Wunder von Schwangerschaft und Geburt. Ein Ereignis voller Liebe, Erwartung, Freude, Glück und Hoffnung. Wir alle kennen die Floskel, die außenstehende Personen frisch gebackenen Eltern zu gerne erläutern:

„Hauptsache, das Kind ist gesund. "

Nun, natürlich ist das etwas, was man sich für das eigene Kind wünscht. Gesundheit stellt für viele Menschen ein wichtiges Gut dar. Aber intensiver betrachtet liest sich auch eine gewisse Vorstellung von Perfektion heraus. Ist ein Kind denn nur dann ein wertvolles Wunder, wenn es offensichtlich gesund ist? Mitnichten. Dennoch lässt sich oft beobachten, dass Eltern, bei deren Kind sich ein erhöhter Unterstützungsbedarf abzeichnet, Schwierigkeiten haben, diesen Umstand zu akzeptieren. Die Gewissheit, das eigene "perfekte" Kind entwickelt sich nicht so, wie es der Norm entspricht, oder scheint zusätzliche Unterstützung zu benötigen, lässt bei vielen Eltern ein Gefühl von Hilflosigkeit, Scham und Angst aufkommen. Was werden bloß andere Leute denken?

Wird unser Kind je unbeschwert ein normales Leben genießen können? Diese Fragen sind Beispiele für Gedanken, welche viele betroffene Eltern begleiten. Es ist ein großer Schritt, zu realisieren, aber vor allem zu akzeptieren, dass man für und mit dem eigenen Kind einen Weg einschlagen muss, über den man vielleicht noch nie zuvor nachgedacht hat. Und genau aus diesem Grund ist der Begriff Förderung für viele Menschen noch immer ein Hindernis, was es zu bewältigen gilt.

Deutschland ist im Bereich der Heilpädagogik und Inklusion bereits sehr vielfältig aufgestellt. Es wird immer mehr geplant, strukturiert und umgesetzt. Viele Institutionen zur Unterstützung stehen bereit. Eltern haben heutzutage bereits ab dem frühen Kindesalter Möglichkeiten zur unterstützenden Begleitung, welche früher undenkbar waren. Dies ermöglicht es Kindern mit besonderem Unterstützungsbedarf bereits sehr früh, ihren Alltag und letztlich ihre Zukunft bedürfnisgerecht und ressourcenorientiert zu beeinflussen. Und das wiederum hilft Ihnen als Eltern dabei, für ihre Kinder der Fels in der Brandung zu sein, der dafür sorgt, dass die ganze Familie an dieser besonderen Situation wachsen kann. Um das zu erreichen, müssen Sie jedoch von der Vorstellung einer menschlichen Perfektion, welche in den Köpfen vieler Menschen unserer Gesellschaft noch immer dominiert, Abschied nehmen.

Kein Mensch ist perfekt. Wir alle sind auf dieser Welt um mit eigenen, vorhandenen Ressourcen nach Selbstverwirklichung zu streben. Dabei ist es irrelevant, welche Hautfarbe, Haarfarbe, Augenfarbe oder Größe wir haben. Es geht auch nicht darum, den höchsten Intelligenzquotienten zu haben, oder die meisten Sprachen zu sprechen. Es ist schön und vermutlich in manchen Situationen des Lebens auch hilfreich, aber es hat nichts mit Perfektion zu tun.

Die Perfektion, welche Sie als Eltern vor Ihrem geistigen Auge sehen sollten, ist das Wunder. Ein Wunder in kindlicher Gestalt, ganz gleich, wie dies

aussehen mag. Sie sind für Ihr Kind der rettende An-
ker und die schützende Zuflucht. Es vertraut Ihnen
blind und hat es verdient, dass Sie darum kämpfen,
dass es sich in der Welt zurecht findet und so akzeptiert wird, wie es ist. Und um das zu erreichen, ist es
wichtig, dass es von der ersten Sekunde an eine absolute Akzeptanz bei seinen Eltern spürt. Ich glaube
fest daran, dass Sie das schaffen und Ihr Kind so annehmen und stärken können, dass dies seinem besonderen Unterstützungsbedarf entspricht.

ENTWICKLUNGSBEREICHE = FÖRDERBEREICHE

Die verschiedenen Fähigkeiten von Kindern werden
in einzelne Entwicklungsbereiche unterteilt. Diesbezüglich gibt es einige Tabellen und Methoden, um
eine gewisse Norm zu kategorisieren (Beispielsweise der Gelsenkirchener Entwicklungsbegleiter).
Darin sind die Altersstufen der Kinder aufgelistet
und mit Beispielen versehen, welche Fähigkeiten
Kinder in gewissen Entwicklungsbereichen haben
sollten.

Unterstützend zur Beobachtung eines Kindes
kann darin angekreuzt werden, welche Fähigkeiten
das Kind in welchem Alter bereits erworben hat.

Dies soll eine Hilfestellung bieten, um zu erkennen, in welchen Bereichen ein Kind entwicklungsverzögert sein könnte und gegebenenfalls Unterstützung benötigt.

Jedoch muss ich auch ganz klar sagen, dass der Gelsenkirchener Entwicklungsbegleiter zwar eine gute Orientierung bietet, man jedoch nie vergessen darf, dass sich alle Kinder individuell entwickeln und somit auch individuelle Zeit benötigen, um bestimmte Fähigkeiten zu erlangen. Nur, weil ein Kind mit zwei Jahren noch nicht mehr als fünf Wörter spricht, bedeutet dies nicht automatisch, dass es heilpädagogische Förderung benötigt. Es zeigt uns einfach nur, dass dieses Kind nicht der "Norm" entspricht, welche von unabhängigen Fachkräften in Tabellen kategorisiert wurde. In einem solchen Fall hilft weitere Beobachtung und Geduld mehr als der alleinige Blick auf die Defizite. Wie bereits erwähnt, zielt Heilpädagogik auf die Ganzheitlichkeit ab, weshalb die Defizitorientierung nie die Dominanz unserer Gedanken sein sollte. Nachfolgend möchte ich mit Ihnen gemeinsam einige Entwicklungsbereiche näher betrachten und Ihnen die Möglichkeit bieten, die Fähigkeiten Ihres Kindes aus einem anderen Blickwinkel zu betrachten.

Motorik

Dieser Entwicklungsbereich lässt sich in *Feinmotorik* und *Grobmotorik* einteilen. Schauen wir uns einmal den feinmotorischen Aspekt etwas genauer an:

Kinder trainieren bereits im Mutterleib erste Ansätze zur feinmotorischen Entwicklung. Sie greifen gezielt nach der Nabelschnur, fassen sich an Nase, Augen oder Mund und bewegen ihre Fingerglieder. All das sind bereits erste Übungen, um feinmotorische Kompetenzen zu erlangen. Auch wenn es dem ungeborenen Kind in diesem Moment noch gar nicht bewusst ist.

Im Laufe der Schwangerschaft haben auch werdende Eltern die Möglichkeit, dieses aktive Training, welches ihr Kind unbewusst absolviert, mehrmals am Tag live zu erleben. Etwa dann, wenn das Kind plötzlich von seinem schützenden Inneren an den Bauch der werdenden Mutter piekst. Viele Eltern sind hin und weg, wenn das ungeborene Kind sich plötzlich auf solche Art bemerkbar macht. Auch erste Interaktionen sind dann möglich. Streicheln Sie Ihren Bauch, oder den der werdenden Mutter, wird das Kind mit Sicherheit die Möglichkeit zur "Antwort" nutzen. Sie sehen, viele Grundlagen der Entwicklung werden bereits im Mutterleib geprägt. Die Kompetenz der Feinmotorik ist für vielerlei

Tätigkeiten wichtig. Ihr schließt sich oft auch die Auge-Hand-Koordination an. Stellen Sie sich einmal vor, Ihr Kind beginnt das erste Mal mit Besteck zu essen.

Für die meisten Kinder ist dies erst mal ein Experiment. Sie nehmen das Besteck in die Hand, fühlen und halten es. Vermutlich wird es auch von allen Seiten begutachtet und inspiziert. Irgendwann beginnt dann die Kombination Besteck-Essen.

Ihr Kind hatte schon oft durch Ihre Anwesenheit die Möglichkeit, zu beobachten, wie Sie mit dem Besteck umgehen. Dementsprechend wird genau das nun auch umgesetzt. Kinder probieren viel aus, sie müssen für sich selbst erkennen, welche Objekte sich für gewisse Tätigkeiten eignen, und welche eher nicht. Feinmotorische Fähigkeiten, sowie Augen-Hand-Koordination lassen sich beim Gebrauch von Besteck sehr gut beobachten. Aber auch beim Spiel trainieren Kinder bereits sehr früh, ihre Feinmotorik zu schulen. Später wird die Feinmotorik in vielerlei Situationen unabdingbar. Beispielsweise Malen, Basteln, Plätzchen backen, Dinge vom Boden aufnehmen, Puzzeln, Bücher anschauen, Instrumente spielen, und noch vieles mehr. Sie sehen, es ist ein wichtiger Faktor der gesamten Motorik.

Die Grobmotorik umfasst den gesamten Körper

und zeichnet sich aus durch eine Vielzahl an Bewegungen. Unsere gesamte Körperwahrnehmung hat letztlich Auswirkungen auf die grobmotorischen Fähigkeiten, welche wir bereits erworben haben oder jene, welche noch tief in uns schlummern. Sicherlich kennen Sie den Spruch:„ Der/die ist aber sehr grobmotorisch veranlagt. " Meist wird damit ein eher ungestümer oder auch unkoordinierter Bewegungsablauf eines Menschen bezeichnet. Aber dies bedeutet im Prinzip nichts Negatives.

Wir benötigen unsere Grobmotorik, um unsere Bewegungen zu steuern. Ansonsten könnten wir weder Arme, noch Beine, noch Rumpf bewegen. Wir wären einfach nur starr. Natürlich kann es auch im Bereich der Grobmotorik zu Auffälligkeiten kommen. Aber in erster Linie ist "grobmotorisch veranlagt zu sein" kein Problem oder eine Anomalie.

Sozial - Emotional

Der Bereich der sozialen und emotionalen Entwicklung ist wohl jener, welcher für uns Menschen eine hohe Priorität hat. Er sagt etwas darüber aus, wie wir mit anderen Menschen umgehen, aber noch wichtiger: Sie beherbergt ein Stück Selbstoffenbarung. Jeder Mensch befindet sich in seiner eigenen Gefühlswelt.

Dazu zählt auch, eigene Gefühle wahr zu nehmen, situationsabhängig einzusetzen und die Gefühle anderer Menschen adäquat zu deuten. Nicht Jedem von uns fällt es leicht, über Gefühle zu sprechen, oder sie zuzulassen. Es setzt ein gewisses Maß an Vertrauen voraus, mit dem Gegenüber solche Empfindlichkeiten auszutauschen. Unsere Handlungen und die Art, mit Mitmenschen umzu–gehen, dominiert unser gesamtes Leben. Alles, was man sagt, tut oder denkt, kann Konsequenzen mit sich ziehen. Wie wir mit anderen in Kontakt treten, sie mit ihren Gefühlen annehmen, akzeptieren, oder auch nicht, sowie unsere Fähigkeit uns in jemanden hineinzuversetzen und zu spüren, wenn dieser Hilfe, Trost oder Zuversicht benötigt, all das wird bereits im frühen Kindesalter geprägt. Wir lernen von Vorbildern und menschlichen "Modellen" das, was wir später auch selbst mit hoher Wahrscheinlichkeit umsetzen werden.

Demnach ist es für Sie als Eltern auch wichtig, Ihren Kindern das zu demonstrieren, was Sie an Ihrem Kind später selbst sehen möchten. Meiner Meinung nach kann Empathie jedoch nicht nur erworben werden. Ob ein Mensch einfühlsam ist und die Fähigkeit besitzt, sich in die Gefühlswelt eines anderen hineinzuversetzen, hängt meines Erachtens nach auch mit seiner Veranlagung zusammen. Kinder sollten einander akzeptieren und respektieren und diese Richtung können Sie als Eltern auch maßgeblich beeinflussen.

Kognition

Der Begriff Kognition kann auch mit dem Wort "Denken" gleichgestellt werden. Die Entwicklung kognitiver Kompetenzen beginnt schon sehr früh. Säuglinge, die sich in kurzer Zeit sehr viele Fähigkeiten aneignen müssen und innerhalb von 12 Monaten vom Baby zum Kleinkind reifen, zeigen eine sehr rasante Entwicklung im Bereich der kognitiven Fähigkeiten. Viele verschiedene Zusammenhänge und Abläufe sammeln sich in ihrem Gedächtnis und sorgen irgendwann dafür, dass Ihr Kind immer selbständiger denkt und handelt. All diese Prozesse erfordern im Gehirn höchste Präzision.

Die Merkfähigkeit oder auch das Wiederholen einzelner Schritte, um ein bestimmtes Ziel zu erreichen, sind nur zwei der vielen Kompetenzen, welche sich bei Kindern nach und nach im Bereich der Kognition manifestieren. Im Laufe der ersten Jahre kommen dann noch Fähigkeiten wie beispielsweise Farben erkennen und sortieren, Formen richtig zu ordnen, Zählen, oder auch Rechnen hinzu.

Problemlösendes Denken, sowie Konzentration sind ebenfalls wichtige Bestandteile des kognitiven Entwicklungsbereiches.

Sprache

"Man kann nicht nicht kommunizieren. "

Dieses populäre Zitat von Schulz von Thun (Gründer des gleichnamigen Kommunikationsmodell), beschreibt die Bedeutung und Wirksamkeit von Sprache für uns Menschen. Zu jeder Zeit, wenn Menschen aufeinander treffen, ist Sprache ein wichtiges Hilfsmittel, um mit Anderen in Kontakt zu treten. Dabei ist es auch völlig irrelevant, ob sich diese Sprache auf verbaler oder nonverbaler Ebene abspielt.

Unser Körper sendet mit seiner Mimik und Gestik automatisch minimalistische Signale aus, welche beim Gegenüber bereits lange vor einer verbalen Sprachauswahl Kommunikation beinhalten. Dementsprechend können wir uns schon lange vor einer verbalen Konversation ein Bild des Menschen machen, welcher uns gerade gegenübersteht. Auch im Bereich der sprachlichen Entwicklung gibt es im Gelsenkirchener Entwicklungsbegleiter Orientierungspunkte, um zu erkennen, ob ein Kind einen speziellen Unterstützungsbedarf hat.

Aber auch hier nochmal der Hinweis, dass jedes

Kind sein eigenes Tempo hat und jederzeit die Möglichkeit zur   individuellen Entwicklung bekommen sollte. Der sprachliche Entwicklungsbereich beinhaltet sowohl verbale, als auch nonverbale Kommunikation. Ebenso aktiver sowie passiver Wortschatz und Aussprache finden in diesem Bereich ihren Platz. Mögliche Anomalien im Sprachgebrauch, wie beispielsweise Stottern, Lispeln oder auch ein Mangel an anderen sprachlichen Fertigkeiten können durch Beobachtungen in diesem Entwicklungsbereich entdeckt werden.

Wichtige Schritte zur Umsetzung

BEOBACHTUNG: GRUNDPFEILER DES HANDELNS

Stellen wir uns einmal eine Katze auf der Jagd nach einem potentiellen Beutetier vor. Die Abläufe dieses instinktiven Handelns sind immer gleich. Lediglich der Verlauf kann variieren. Was jedoch absolut unabdingbar zu jeder Jagd dazu gehört, ist die Beobachtung. Eine Katze, welche die Umgebung nicht adäquat im Blick behält, wird niemals zu ihrem Ziel gelangen.

Sicherlich ist dieses Beispiel etwas gewöhnungsbedürftig, jedoch möchte ich Ihnen hiermit die Priorität von Beobachtung verdeutlichen. Der Mensch ist es schon immer gewohnt, seine

Umgebung im Blick zu behalten. Zu früheren Zeiten, als die Höhle der Lebensraum war, mussten Menschen stets ihre Umgebung beobachten. Es gab viele Gefahren, welche die Menschen zur damaligen Zeit täglich begleiteten. Dementsprechend mussten sie ihren Lebensraum genau kennen und mögliche Veränderungen schnell entdecken. Nur so konnten sie sich und ihre Gruppe optimal schützen. Auch heutzutage läuft Beobachtung im Alltag oft auch unterbewusst ab.

Selbst, wenn wir uns nicht explizit auf etwas konzentrieren, können wir es doch indirekt wahrnehmen. Gerade bei Kindern ist Beobachtung ein sehr wichtiger Faktor um zu erkennen, ob ein erhöhter Unterstützungsbedarf vorliegt und somit eine heilpädagogische Förderung sinnvoll und notwendig ist. Oftmals besuchen Kinder heutzutage schon vor dem ersten Lebensjahr eine Betreuungseinrichtung. Das bedeutet, dass sie viele Jahre bis zum Schuleintritt von Menschen außerhalb ihrer Familie begleitet und betreut werden.

Eine gewisse Zeit des Tages ist es Eltern daher nicht möglich, ihre Kinder aktiv zu beobachten. Dies liegt dann in den Händen von geschultem Fachpersonal. Beobachtungen spielen in Betreuungseinrichtungen eine entscheidende Rolle. Es ist sozusagen die Grundlage der Zusammenarbeit zwischen Personal, Eltern und Kindern. In der Pädagogik spricht man vom sogenannten "Tripolaren Beziehungsgeflecht". Dies bedeutet, die Kommunikation und Interaktion aller drei Parteien hat jeweils Auswirkungen auf die jeweils andere Partei.

Oft sind es eben auch diese Betreuungspersonen, welche eine etwaige Veränderung oder eine Verzögerung in der kindlichen Entwicklung als auffällig dokumentieren. Eltern sind durch ihre enge, emotionale Bindung mit dem eigenen Kind manchmal auch darin gehemmt, dies ebenso wahrzunehmen. Oder aber, sie nehmen es wahr und sprechen dann die Betreuungspersonen darauf an. Beobachtungen sind ein sehr wichtiges Instrument, um Gespräche mit Eltern vorzubereiten und durchzuführen. Gespräche, in denen offensichtlich wird, dass bei einem Kind eine Entwicklungsverzögerung/-auffälligkeit vorliegen könnte, müssen sehr sensibel und einfühlsam geleitet werden.

Wie oben bereits erwähnt, fällt es vielen Eltern schwer, eine solche Tatsache zu akzeptieren. Dementsprechend ist es wichtig, den Eltern zu signalisieren, dass sie Unterstützung bekommen und nicht alleine mit dieser Aufgabe sind. Beobachtungen hinsichtlich der möglichen Notwendigkeit einer heilpädagogischen Förderung können sehr vielfältig sein. Um eine entsprechende Diagnostik und daraus resultierend eine bedürfnisgerechte Zielsetzung anzustreben, werden sogenannte Förderpläne verfasst.

In diesen wird genauestens die Art des Unterstützungsbedarfs, sowie Ressourcen und Beobachtungen aufgelistet. Daraus resultierend ergeben sich bestimmte Zielsetzungen im lang und kurzfristigen Zeitraum. Dementsprechend haben alle Beteiligten die Möglichkeit, Informationen auf einen Blick zu erhalten. Aber es dient auch der Orientierung, um Methoden und Angebote zu ändern oder anzupassen, wenn sie die dokumentierte Zielsetzung nicht mehr positiv beeinflussen.

WELCHE BEOBACHTUNGEN FINDEN STATT?

In diesem Kapitel möchte ich mit Ihnen gemeinsam mögliche Verhaltensmuster bei Kindern näher betrachten, welche den Wunsch nach heilpädagogischer Förderung mit sich bringen können. Jedoch sollte, wie in diesem Artikel bereits mehrfach erwähnt, stets die Ganzheitlichkeit des Kindes im Fokus stehen.

Beobachtungen sind wichtig und richtig, sollten aber über einen längeren Zeitraum erfolgen und möglichst nicht resultierend aus Momentaufnahmen zu diagnostischen Zwecken verarbeitet werden. Gerade bei Kindern zeigen sich in der Entwicklung enorme Sprünge, die insbesondere im Kleinkindalter in den ersten Jahren sehr nah aufeinander folgen können.

Demnach können sich Beobachtungen, welche heute fokussiert werden, morgen wieder ganz anders darstellen. Letztlich ist es daher unabdingbar, Kinder über einen längeren Zeitraum in verschiedenen Situationen zu beobachten, um sich ein optimales Bild einzelner Entwicklungsbereiche machen zu können. Auch Sie als Eltern sollten dies beherzigen, wenn Sie vermuten, dass sich Ihr Kind in diese Richtung entwickeln könnte. Dieses Vorgehen kann dabei helfen, Fachkräften auf dem Gebiet der Heilpädagogik eine gute Basis für eine diagnostische Unterstützung zu bieten. Nachfolgend richten wir unser Augenmerk auf die Entwicklungsbereiche, welche wir bereits kennengelernt haben und erfahren, wie diese letztlich in den Fokus heilpädagogischer Förderung rücken.

Ich selbst bin Mutter eines Kleinkindes und zudem arbeite ich als heilpädagogische Fachkraft in einer Kindertagesstätte. Daher kenne ich die Sorgen und Ängste von Eltern sehr gut, wenn es darum geht, dass das eigene Kind eine Verhaltensauffälligkeit oder Entwicklungsverzögerung zeigt. Wie bereits erläutert, sind wir Eltern emotional sehr eng an unsere Kinder gebunden. Dementsprechend fällt es auch schwer, solche Beobachtungen mit einem gewissen Abstand zu betrachten.

Die eigenen Gedanken diesbezüglich sind einfach stärker ausgeprägt, als es bei unabhängigen Beobachtern (beispielsweise Betreuungspersonal) der Fall wäre. Das ist wichtig und richtig. Denn Sie als Eltern tragen die Verantwortung dafür, dass sich Ihr Kind seinen Ressourcen und Wohlergehen entsprechend bestmöglich entwickeln kann. Es benötigt in erster Linie Ihre Liebe, Vertrauen und Kongruenz, um sich sicher und angenommen zu fühlen. Für alles andere gibt es ausgebildete Fachkräfte, bei denen Sie als Familie Unterstützung und Hilfestellung erwarten können, um auch im familiären Alltag Ihr Kind bestmöglich begleiten und sich auf seine besonderen Bedürfnisse einstellen zu können.

Ich kann mir vorstellen, dass dies im ersten Moment sehr schwer erscheint und doch habe ich das Vertrauen in Sie, dass es Ihnen gelingen kann. Das Leben als Eltern von Kindern mit einem erhöhten

Unterstützungsbedarf wird eine ganz andere Dimension einnehmen, als das Elternsein sowieso schon mit sich bringt. Jedoch bin ich der Meinung, je positiver die Gedanken, welche mit dieser Situation umgehen, desto einfacher wird es werden, zu begreifen und umzudenken. Oft zeigt sich, dass Außenstehende (insbesondere andere Eltern) oft enorm viel Druck durch bestimmte Äußerungen ausüben, welche die verschiedenen Entwicklungs"normen" betreffen.

In Krabbelgruppen und ähnlichen Gemeinschaftstreffen werden die Kinder oft miteinander verglichen. Manche Mütter üben dann auch unbewusst mit bestimmten Äußerungen sehr viel Druck auf andere Mütter aus. Diese fühlen sich dann oft sehr unwohl, haben das Gefühl, etwas nicht richtig gemacht zu haben oder sind vollends verwirrt, ob der Zustand Ihres Kindes normal ist. Das finde ich immer sehr schade.

Denn auch wenn diese anderen Mütter es in dem Moment nicht aus bösem Willen heraus äußern, so kann es doch zu Unsicherheit und Unbehagen führen. "Wie, dein Kind kann noch nicht laufen? Es ist doch schon ein Jahr alt. " "Warum spricht es denn nur zwei Worte, ich denke es wird morgen zwei Jahre alt. " "Dein Kind sitzt ja nur in der Ecke und

nimmt gar keinen Kontakt zu anderen auf. " Ich ver-
mute, das ein oder andere kommt manchen von
Ihnen bekannt vor. Die Beispiele solcher Äußerungen könnte ich noch endlos weiter führen.

Sie alle haben eines gemeinsam: Den Fokus auf
Perfektion und Defizite. Etwas, das in der heilpädagogische Förderung aber auch im individuellen Umgang mit Kindern nichts verloren hat. Wann Kinder
beginnen, eigenständig ihre ersten Schritte zu machen ist von vielerlei Faktoren abhängig. Die Veranlagung ist einer davon. Dazu kommen noch Körperwahrnehmung, grobmotorische Fertigkeiten, Kognition, Motivation, Vertrauen und körperliche Gegebenheiten. All das wird sich zusammenfügen WENN
DAS KIND BEREIT DAZU IST.

Als Eltern ist es wichtig, Kindern Zeit zu lassen.
Sie sollten spüren, dass Sie ihr eigenes Tempo zur
Entwicklung akzeptieren und sie unterstützen wie
und wann sie das möchten. Sollten Sie beobachten,
dass Ihr Kind bereits im Säuglingsalter Probleme mit
motorischen Abläufen oder Bewegungsmustern zu
haben scheint (beispielsweise die fehlende Drehung
auf Bauch/Rücken, Schwierigkeiten, den Kopf alleine zu halten etc.), so besteht die Möglichkeit, dies
beim Kinderarzt/-ärztin anzusprechen und sich gegebenenfalls durch Physiotherapie oder Osteopathie

eine zusätzliche Meinung einzuholen. Manchmal können auch Blockaden, welche im Zuge der Geburt entstanden sind, Ursachen für Verzögerungen oder Auffälligkeiten im Säuglingsalter sein.

Sollte dieser Zustand trotzdem über längere Zeit andauern, so kann eine Beobachtung und ein Hinzuziehen fachlich kompetenter Personen sicherlich eine gute Idee sein. Bestimmte Bewegungsabläufe lassen darauf schließen, dass Ihr Kind für eine heilpädagogische Förderung vermutlich schon in Frage kommen könnte. Dazu können beispielsweise Auffälligkeiten im Bereich der Körperwahrnehmung, Gleichgewicht, Kraftdosierung oder auch der Stabilität des Muskeltonus gehören. Manche Kinder haben auch Schwierigkeiten, Höhen richtig einzuschätzen. Dann spielt zu dem motorischen Bereich auch noch die Wahrnehmung eine wichtige Rolle. In der feinmotorischen Entwicklung lässt sich oft beobachten, dass Kinder, die einen höheren Unterstützungsbedarf haben, Schwierigkeiten zeigen Besteck, Stifte oder andere Materialien zu halten. Oder aber ein Mangel an Hand-Augen-Koordination behindert das Kind zusätzlich. Kommen mehrere Faktoren zusammen, kann das für Kinder und Eltern sehr belastend werden.

Im Sozial-Emotionalen Entwicklungsbereich

lässt sich oft beobachten, dass betroffene Kinder Schwierigkeiten haben, sich in die Gefühlswelt eines anderen Menschen hineinzuversetzen. Oder aber sie meiden soziale Kontakte, weil sie sich damit unwohl fühlen. Vielen Kindern fällt es zudem schwer, Freundschaften zu knüpfen. Sie ziehen sich eher zurück, sind mehr mit sich und ihren eigenen Bedürfnissen beschäftigt. Für Sie als Eltern ist sowas mit Sicherheit sehr schlimm anzusehen. Denn man wünscht sich ja eigentlich, dass das eigene Kind eine positive, soziale Struktur aufbaut, Freundschaften findet und sich mit Gleichaltrigen austauschen kann.

Jedoch ist so etwas eben für manche Kinder schwierig, mehr noch, schier unmöglich. Sie fühlen sich mit dem engen Kontakt zu anderen unwohl, und möchten es einfach nicht. Soziale Kontakte kann man nicht erzwingen. Natürlich ist der Mensch in erster Linie ein Lebewesen, das andere Menschen zum Leben benötigt, jedoch gibt es eben auch Menschen, für die das alles andere als eine Erfüllung ist. Und das gilt es erst einmal zu akzeptieren. Wir können Kinder, deren Persönlichkeit sich so äußert, nicht verändern. Das sollten wir auch nicht versuchen. Aber wir können mit entsprechender Unterstützung dafür sorgen, dass sie besser damit umgehen können und sich vielleicht doch eines Tages öffnen, wenn sie es möchten. Auch eine auffällige Beobachtung hinsichtlich der heilpädagogischen Förderung kann es sein, wenn Kinder sich aggressiv zeigen.

Dies kann sich sowohl in Fremdaggression, als auch Autoaggression (aggressives Verhalten, bezogen auf den eigenen Körper) äußern. Hier gilt es, schnell zu handeln, da es für alle Beteiligten auf Dauer sehr ernüchternd sein kann. Aggression, egal in welcher Form, hat immer eine Ursache. Diese liegt nicht unbedingt einem erhöhten Unterstützungsbedarf zugrunde, sollte aber trotzdem sehr penibel und kompetent gesucht und gefunden werden. Nur so kann man die Kinder adäquat unterstützen und begleiten. Manche Kinder zeigen ein solches Verhalten aufgrund von Überforderung in gewissen Situationen, familiären Konflikten/Veränderungen oder auch gesundheitlichen Aspekten.

In solchen Fällen kann es durchaus möglich sein, dass dieses Verhalten nur von kurzer Dauer ist und keiner zusätzlichen heilpädagogischen Unterstützung bedarf. Aus diesem Grund sollte, wie in einem der vorangegangen Kapitel bereits erwähnt, die Beobachtung über einen längeren Zeitraum erfolgen und dem Kind bei solchen "Ausbrüchen" sofort eine Rückmeldung gegeben werden. Im Bereich der

Kognition lassen sich ebenso Entwicklungsverzöge-rungen, oder - Auffälligkeiten beobachten, welche eine heilpädagogische Förderung hilfreich werden lassen könnte. Sei es beispielsweise eine kaum oder gar nicht vorhandene Fähigkeit, Farben zu erken-nen, benennen oder zuordnen zu können.

Ebenso die Merkfähigkeit oder Konzentration können Auffälligkeiten aufweisen. Manche Kinder haben große Schwierigkeiten, sich länger mit einer Sache zu beschäftigen, lassen sich sehr leicht ablen-ken, oder reagieren mit einem sehr extremen Frust-rationgefühl wenn etwas nicht so funktioniert, wie sie es sich vorgestellt haben. Aber auch das drin-gende Bedürfnis nach Struktur und Orientierung kann ein Indiz dafür sein, dass ein erhöhter Unter-stützungsbedarf vorliegen könnte.

Demnach ist es den Kindern sehr wichtig, immer gleiche Abläufe und Strukturen im Alltag zu haben. Mit Veränderungen oder einer fehlenden Struktur kommen sie nicht gut klar. Für Kinder, insbesondere im Säuglings und Kleinkindalter ist ein strukturier-ter Alltag wichtig. Sie müssen erst lernen, ein Gefühl für Sicherheit und Vertrauen zu entwickeln.

In Situationen und Menschen. Und dabei hilft es ihnen sehr, wenn der Alltag nicht chaotisch oder in ständiger Umstrukturierung vonstattengeht.

Manche Kinder benötigen diese Sicherheit nochmals mehr als andere und das auch über das Kleinkindalter hinaus. Auch Erwachsene legen manchmal großen Wert auf gewisse Gewohnheiten, welche schon immer im Alltag eine Rolle gespielt haben. Würden diese plötzlich wegfallen, wäre die innere Ruhe und Ordnung plötzlich gestört. Und genauso können Sie sich das Leben solcher Kinder vorstellen. Natürlich müssen auch sie mit etwas Umstrukturierung und Veränderungen klar kommen, aber die Rahmenbedingungen sollten stets klar und übersichtlich sein.

Dabei können auch verschiedene Methoden und Materialien unterstützend wirken (dazu mehr im nächsten Kapitel). Oftmals lässt sich auch beobachten, dass Kinder große Schwierigkeiten damit haben, Zusammenhänge zu erkennen oder einfache Anweisungen umsetzen zu können. Dabei benötigen sie dann ebenfalls sehr viel Unterstützung und vor allem persönliche Begleitung. Es müssen auch nicht mehrere Faktoren auftreten, es kann sich auch nur um einzelne Kompetenzen handeln, welche von besonderen Unterstützungsbedarf betroffen sind.

Einer der Entwicklungsbereiche, welcher sehr offensichtlich bei etwaigen Auffälligkeiten beobachtet werden kann, ist sicherlich der sprachliche Kompetenzbereich. Sprache ist etwas, was man als außenstehende Person relativ schnell wahrnimmt und entsprechend darauf reagiert. Auffälligkeiten in diesem Bereich können dazu führen, dass sich Kommunikation sowie Interaktion mit anderen Menschen sehr schwierig, oder gar unmöglich gestaltet. Hierbei kommt es sehr stark darauf an, wie sich dies äußert und auch, wie der Mensch gegenüber damit umgeht. Kinder, mit einem erhöhten Unterstützungsbedarf, können beispielsweise deutliche Anomalien im Gebrauch des Wortschatzes aufweisen. Statt Mehrwortsätze, mit teils schon korrekter Satzstellung werden nur ein bis Zweiwortsätze gesprochen, oder statt Wörter nur Laute oder Geräusche geäußert. Auch kann es zu Beobachtungen im Bereich der Aussprache kommen.

Beispielsweise Lispeln, Stottern, oder anderweitige Auffälligkeiten, die die Aussprache betreffen. Hierbei kann dann zusätzlich zur heilpädagogischen Unterstützung auch eine logopädische Betreuung helfen. Auch der passive Wortschatz und somit das Sprachverständnis kann bei Kindern mit erhöhtem Unterstützungsbedarf eine Rolle spielen. Hierbei fällt es dann sehr schwer, Gesagtes zu verstehen oder Informationen/Aufgaben aus Äußerungen herauszufiltern.

Das Verständnis hierfür fehlt ganz oder

teilweise, was es den Kindern unmöglich macht, ohne entsprechende Unterstützung an einer Interaktion teilzuhaben. Auch hier betone ich wieder sehr stark, dass ein Kind immer im Verhältnis zu seiner Individualität, seines Alters und persönlicher Ressourcen beobachtet werden muss. Aufkommende Auffälligkeiten oder etwaige Verzögerungen müssen nicht zwangsläufig eine heilpädagogische Förderung nach sich ziehen.

Wie kann heilpädagogische Förderung umgesetzt werden?

Zur Umsetzung heilpädagogischer Förderung können sehr vielfältige Methoden in Betracht gezogen werden. Dies ist natürlich immer abhängig davon, welche Entwicklungskompetenzen letztlich betroffen sind. Aber auch, in welchem Bereich des Alltags die heilpädagogische Förderung benötigt wird.

In Betreuungseinrichtungen, wie Kindertagesstätten beispielsweise, kann es entweder sein, dass entsprechend geschulte Fachkräfte bereits vor Ort sind, oder aber diese extern (beispielsweise aus einen Frühförderzentrum oder anderen heilpädagogisch, diagnostischen Einrichtungen) in die Einrichtung kommen und mit dem Kind 1:1 oder in einer kleinen Gruppe arbeiten. Immer abhängig davon, welches Ziel die heilpädagogische Unterstützung verfolgt.

Bei Kindern, welche im Sozial-emotionalen Bereich einen Unterstützungsbedarf aufweisen, kann es auch hilfreich sein, ein bis zwei Kinder für verschiedene Angebote hinzuzuziehen. Damit sie lernen, im überschaubaren Rahmen mit sozialen Kontakten umzugehen. Im Bereich der Heilpädagogik gibt es sehr viele verschiedene Methoden und Angebote, um Kinder entsprechend ihrer Bedürfnisse zu begleiten.

Da die Ganzheitlichkeit hier stets im Vordergrund steht, ist es wichtig, auch darauf zu achten, dass die Kinder sich mit den ausgewählten Methoden auch wohl fühlen. In enger Zusammenarbeit mit Fachkräften werden Sie sich als Eltern entsprechende Möglichkeiten aneignen, welche auch in Ihrem Familienalltag umgesetzt werden können. So können Sie Ihr Kind auch im häuslichen Umfeld optimal begleiten und es dabei unterstützen, sich in der Situation zurecht zu finden. Nachfolgend möchte ich mit Ihnen einige Methoden zur heilpädagogischen Förderung etwas genauer betrachten und Ihnen somit einen Überblick der vielfältigen, unterstützenden Methoden gewähren.

Frühförderung

Unter dem Begriff Frühförderung versteht man jegliche Arten von Methoden im pädagogischen, sowie therapeutischen Fokus, welche darauf ausgerichtet sind, Kinder mit einem erhöhten Unterstützungsbedarf, oder welche, die davon bedroht sind, zu unterstützen. Je nach Region kann die Altersspanne bis zum Eintritt des Schulalters für die Frühförderung berücksichtigt werden.

Die Frühförderung lässt sich zum einen in *allgemeine* und zum anderen in *spezielle* Frühförderung kategorisieren. Im Bereich der allgemeinen Frühförderung richtet sich die Unterstützung an Kinder mit geistiger, körperlicher oder seelischer Beeinträchtigung, sowie an Kinder, welche ohne entsprechende Unterstützung von Beeinträchtigung bedroht sind. Hierbei werden auch zusätzlich zur heilpädagogischen Entwicklungsförderung, Maßnahmen des

medizinischen bzw. therapeutischen Bereichs miteinbezogen.

Sei es beispielsweise Logopädie, Physiotherapie, Ergotherapie oder auch Motopädie. All diese
Komponenten zielen natürlich auf einen ganzheitli-
chen Aspekt ab. Die Kinder sollen bestmöglich durch
vielfältige Methoden unterstützt werden. Der Bereich der speziellen Frühförderung dient der Begleitung und Unterstützung von Kindern, welche von einer Beeinträchtigung der Sinneswahrnehmung betroffen sind. Beispielsweise eine Störung des Seh-
vermögen oder Gehörlosigkeit.

Möchten Sie für Ihr Kind eine Unterstützung im
Bereich der Frühförderung in Betracht ziehen, so
sind beispielsweise Frühförderzentren, entsprechend fachlich geschulte, heilpädagogische Praxen,
oder auch sozialpädiatrische Zentren eine geeignete
Anlaufstelle. Auch in Betreuungseinrichtungen wie
Kindertagesstätten wird oftmals eine Empfehlung
für die Vorstellung bei einer solchen Stelle ausge-
sprochen.

Sollten sich Auffälligkeiten in der Beobachtung
eines Kindes zeigen, kann der Hinweis einer
Frühförderung Bestandteil eines entsprechend an-
geleiteten Elterngespräches sein. Häufig können die
Fachkräfte der Einrichtung auch schon geeignete

Adressen weitergeben, was es betroffenen Eltern ermöglicht, schnell und unkompliziert eine Beratung hinsichtlich der Frühförderung anzugehen. Grundsätzlich lässt sich sagen, dass es für Kinder und deren Entwicklung gut ist, wenn ein möglicher Unterstützungsbedarf frühzeitig erkannt und gefördert wird. Somit hat das Kind viele Jahre Zeit, um seine individuelle Entwicklung mit fachlich kompetenten Menschen zu fördern und zu stärken.

Das bedeutet aber natürlich nicht, dass Kinder, bei denen ein erhöhter Unterstützungsbedarf erst später erkannt wird, keine Chance mehr auf eine positive Entwicklung haben. So lange Sie als Eltern Ihr Kind aufmerksam beobachten und Zeit mit ihm verbringen, werden Sie auch selbst erkennen, wenn Auffälligkeiten vorliegen könnten und entsprechende Schritte einleiten.

Bei manchen Kindern wird dies früher, bei anderen auch später erkannt. Wichtig ist aber letztlich nicht das „Wann", sondern das „Wie". Sobald klar ist, dass ein Kind einen erhöhten Unterstützungsbedarf zeigt, muss gehandelt und entsprechend Fachkräfte hinzugezogen werden. Nur so kann die Entwicklung des Kindes maßgeblich unterstützt und begleitet werden. Und dazu zählen natürlich auch Sie, als wichtigste Bezugspersonen Ihres Kindes.

TEACCH Konzept

Die Abkürzung TEACCH bedeutet übersetzt "Treatment and Education of Autistic and related Communication handicapped Children". Auf Deutsch also: "Behandlung und Pädagogische Förderung autistischer und ihn ähnlicher Weise kommunikationsbeeinträchtigter Kinder". Grundlage vom TEACCH Konzept ist ein Forschungsprojekt von der Universität in North Carolina in den USA. Ursprünglich erarbeitet wurde dieses Konzept für Eltern von Kindern mit Autismus.

Man wollte dadurch erreichen, dass betroffene Eltern sinnvoll in die Förderung und Begleitung ihrer Kinder einbezogen werden können. Zur damaligen Zeit kursierte die Annahme, Eltern solcher Kinder mit Unterstützungsbedarf hätten eigens Schuld an der Situation. Durch den Hintergrund des TEACCH Konzeptes wollte man dieses stupide Denken verbannen.

Durch dieses Projekt entwickelte sich somit das heutige TEACCH Programm. Eine spezialisierte Einrichtung, ebenfalls mit Sitz in North Carolina, bietet ein vielfältiges System zur Begleitung, Beratung und Unterstützung für betroffene Kinder und deren Familien an. Allerdings ist dieser Ansatz nicht ausschließlich für Kinder mit einer autistischen

Diagnose gedacht, sondern für alle Kinder, welche eine besondere Unterstützung im Bereich ihrer Kommunikation erhalten sollen. Es ist als kommunikationsorientierter Ansatz zu sehen. Mittlerweile hat sich diese Methode auch in Deutschland etabliert. Ein wichtiger Bestandteil von TEACCH ist die Strukturierung des Alltags. Sowohl im häuslichen Umfeld, als auch in Betreuungsstätten und Schulen. Diese Strukturierung wird in drei Bereiche unterteilt:

Räumliche Strukturierung
Hier liegt der Schwerpunkt darauf, die Arbeitsräume für Kinder so zu gestalten, dass sie sich gut darin orientieren können und mit verschiedenen visuellen Methoden unterstützt werden. Dies können beispielsweise bestimmte Bilder oder Markierungen sein. Oder Raumteiler, um allem etwas mehr Ordnung geben zu können.

Zeitliche Strukturierung
Hierzu zählen alle Methoden, welche darauf abzielen, Kindern eine bessere Orientierung in der zeitlichen Strukturierung geben zu können. Beispielsweise mit akustischen Signalen wie einer Klingel, Klangschale oder Glocke. Diese werden oft

eingesetzt um Anfang oder Ende bestimmter Situationen oder Tätigkeiten zu symbolisieren. Aber auch Uhren (beispielsweise Sanduhren) und visuelle Zeitpläne mit Bildkärtchen schaffen hierfür eine gute Orientierung und Sicherheit. Auch sogenannte "Time-Timer" können eingesetzt werden, um diese Struktur zu unterstützen. Dies ist ein spezielles Gerät, welches Zeiten rückwärts ablaufen lässt und dabei eine visuelle Hilfestellung bietet. Somit können Kinder sehen, wann eine Zeitspanne zu Ende ist und wieviel Zeit ihnen noch bleibt.

Strukturiertes Material und Instruktionen

Hierbei spielt die Anordnung des Materials eine entscheidende Rolle. Entsprechende Markierungen (beispielsweise auch mit Bildkärtchen) zur Anordnung, können die Kinder darin unterstützen, ihr passendes Material zu finden, und es nach Verwendung wieder adäquat aufzuräumen.

Die Visualisierung ist ein sehr zentraler Baustein für die Kommunikationsebene. Nicht nur im Rahmen des TEACCH Konzeptes, sondern generell. Visualisierung setzt erst mal keine konkrete sprachliche Kompetenz voraus, da sie dieses System nicht alleine anspricht. Daher haben sich solche unterstützenden Methoden für Kinder mit erhöhten

Unterstützungsbedarf bewährt. Es lässt sich auch beobachten, dass Kinder dies sehr positiv annehmen, da sie sich auch in der Gestaltung solcher Mittel eigenständig beteiligen können. So haben sie die Möglichkeit, sich auch selbst damit auseinanderzusetzen.

Unterstützte Kommunikation (UK)

Unterstützte Kommunikation, kurz UK, bezeichnet hierzulande den internationalen Bereich der "Augmentative and Alternative Communication". Dies soll Formen und Möglichkeiten der Kommunikation bereitstellen, welche zum einen Kommunikation vollständig ersetzen, als auch eine ergänzende Wirkung haben können.

Insbesondere für Kinder, deren lautsprachliche Kommunikationsebene eingeschränkt, oder nicht vorhanden ist, können Methoden der Unterstützten Kommunikation eine sehr gute Möglichkeit darstellen, um mit anderen in Kontakt zu treten, Bedürfnisse zu äußern und den Alltag meistern zu können. Diesbezüglich dient diese dazu, Menschen eine Kommunikation zu ermöglichen, und ihre Teilhabe am gesellschaftlichen Leben berücksichtigen zu können. Für Kinder mit einem erhöhten Unterstützungsbedarf im Bereich der Lautsprache, dient die

Unterstützte Kommunikation mit ihren vielfältigen Methoden dazu, diese Kinder in ihrem Selbstwertgefühl und in ihrer Eigenständigkeit zu stärken. Ähnlich wie bei dem zuvor erwähnten TEACCH Modell, arbeitet die unterstützte Kommunikation ebenfalls mit Bildkärtchen, Symbolen oder auch bestimmten Arten von Tafeln, welche Situationen des Alltags bildlich darstellen.

Anders als beim TEACCH Modell, dessen Hauptaugenmerk auf Struktur liegt, dient die Unterstützte Kommunikation rein dem Ersetzen bzw. der Erweiterung von Lautsprache. Auch die Gebärdensprache kann hierbei ein sehr wichtiger Faktor sein. Es gibt auch Betreuungseinrichtungen, welche bestimmte Abläufe des Tages mit gängigen Gebärden begleiten. So können alle Kinder an dieser Form der Kommunikation teilhaben und haben dadurch auch die Möglichkeit, mit Kindern zu kommunizieren, welche lautsprachlich eingeschränkt sind.

Ebenfalls findet sich in der Anwendung solcher Methoden häufig ein Gerät, über welches die Menschen kommunizieren können. Diese dynamischen Kommunikationshilfen können rein über Symbole und Bilder bedient werden. Für Kinder im Alltag und auch in Betreuungseinrichtungen kann die unterstützte Kommunikation eine sehr gute Möglichkeit sein, eigene Bedürfnisse mitzuteilen, mit anderen in Kontakt zu treten und an bestimmten Projekten oder Angeboten teilzunehmen.

Viele Kindertagesstätten arbeiten mit Unterstützter Kommunikation, ohne Kinder mit erhöhten Unterstützungsbedarf zu betreuen. Aber es hat sich bewährt, dass es grundsätzlich für Kinder eine gute Hilfe im Alltag sein kann. Beispielsweise wird in persönlichen Fächern von Kindern nicht nur der Name, sondern auch ein Foto des jeweiligen Kindes beschriftet. So fällt es selbst den Jüngsten leicht, ihren Platz zu finden.

Aber auch wenn darüber gesprochen wird, welche Kleidung man anzieht, können entsprechende Bildkärtchen Kinder darin unterstützen, Wettergegebenheiten und die damit verbundene passende Kleidung eigenständig auszuwählen. Auch bei Speiseplänen und Tagesplänen kann die Unterstützte Kommunikation eine Stütze sein, um die Struktur und Merkfähigkeit von Kindern zu fördern. Stellen Sie sich einmal vor, Sie müssten als Kleinkind den gesamten Tagesablauf Ihrer Kindertagesstätte im Kopf behalten. Vielen Erwachsenen fällt es schon schwer, sich Termine zu merken.

Daher wird oft auf einen Taschenkalender oder ähnliches zurückgegriffen. Und von Kindern wird erwartet, dass es ohne Hilfsmittel funktioniert? Es ist gut, dass mittlerweile immer mehr Einrichtungen die Unterstützte Kommunikation in ihren Alltag mit einbauen. So kann jedes Kind entsprechend seiner individueller Ressourcen zusätzlich dabei unterstützt werden, sich im Alltag und in der Welt zurecht zu finden.

Die Entwicklung unserer Kinder macht täglich rasante Sprünge. Vieles verändert sich für sie, es entstehen neue Kompetenzen, täglich müssen sie sich neuen Herausforderungen stellen. Und das tun sie bereits so gut sie eben können. Begleiten wir sie dabei und lassen der Unterstützten Kommunikation ihren Raum, um die Kinder bestmöglich in der Entwicklung ihrer Kompetenzen fördern zu können.

Heilpädagogisches Reiten

Eine sehr interessante und vor allem ganzheitliche Methode zur heilpädagogischen Förderung hat sich in den vergangenen Jahren zunehmend in Deutschland verbreitet. Die Heilpädagogische Begleitung mit dem Medium Pferd. Für mich als Pferdenärrin seit Kindesbeinen, und selbst mit reitpädagogischer Weiterbildung, eine der schönsten und vielfältigsten Methoden, um Kinder zu unterstützen. Natürlich setzt die Teilnahme an dieser Art von Förderung voraus, dass die Kinder keine Allergien oder Ängste im Bezug auf Pferde haben. Angebote zum heilpädagogischen Reiten gibt es mittlerweile sehr viele.

Da es in Deutschland jedoch keine anerkannte Berufsbezeichnung dafür gibt, sollten Sie als Eltern bei der Auswahl auf einige Punkte achten. Die Institutionen, welche diese Form der Förderung anbieten, sollten fachlich qualifiziertes Personal beschäftigen. Dies gilt für den Bereich der (Heil-)pädagogik, ebenso wie für den Umgang mit den Pferden. Als kompetente Orientierung dient hier sicherlich das Deutsche Kuratorium für Therapeutisches Reiten e.V. (DKThR). Dieser Verein bietet eine spezielle Ausbildung/Weiterbildung für Personen an, welche als Reittherapeut/in arbeiten möchten.

Diese müssen sowohl beruflich, als auch im Bereich der Pferdeerfahrung gewisse Kriterien erfüllen. Da der Reittherapeut/in in Deutschland wie bereits erwähnt, kein geschützter Begriff ist, gibt es natürlich viele Betriebe, welche sowohl Ausbildung als auch das Heilpädagogische Reiten an sich anbieten. Wenn es nicht unbedingt das Reiten als Hauptaugenmerk betrifft, kann auch eine Unterstützung im Sinne der Reitpädagogik hilfreich sein. Diese dient der Ganzheitlichkeit und kann durch vielfältige Inhalte alle Entwicklungsbereiche bei Kindern ansprechen.

Sowohl für Kinder mit und ohne Unterstützungsbedarf kann dies eine sinnvolle Möglichkeit sein, Kompetenzen zu stärken, aufzubauen oder auch Unsicherheiten abzubauen. In der Reitpädagogik spielt das Reiten an sich eine eher untergeordnete Rolle. Hauptsächlich dient es dem Kennenlernen des Mediums Pferd und den damit verbundenen "Aufgaben" (Führen, Putzen, Füttern, etc.), sowie verschiedenen Angeboten und Spielen, auf die jeweiligen Bedürfnisse der Kinder abgestimmt. Kinder lernen also auch den pferdegerechten Umgang. Die Vorteile der reitpädagogischen Unterstützung auf einen Blick:

- Stärkt Selbstbewusstsein und Selbstwertgefühl
- Fördert das Verantwortungsgefühl
- Kommunikation sowie soziales Miteinander wird gefördert
- Wissen über pferdegerechten Umgang
- Angebote und Inhalte auf die individuellen Bedürfnisse der Kinder abgestimmt
- Kinder können "zur Ruhe kommen"
- Konzentration und Aufmerksamkeit wird gefördert (Pferde reagieren sehr sensibel auf Körpersprache und Stimmung, und reagieren entsprechend darauf)
- Empathiefähigkeit wird geschult
- Sinneswahrnehmung wird gestärkt
- Förderung des Gleichgewichts, sowie der Körperwahrnehmung

Tiergestützte Pädagogik (Therapie)

Wer kennt sie nicht? Hunde als unterstützende Partner in der Polizeiarbeit, als wichtige Assistenten in der Rettungshundestaffel, speziell ausgebildete Vierbeiner, um Diabetes und andere Erkrankungen erschnüffeln und so das Leben eines Menschen retten zu können, Hunde, welche ihre sehbeeinträchtigten Besitzer/innen im Alltag unterstützen. Tiere haben in der heutigen Zeit einen höheren Stellenwert, als es noch vor vielen Jahren der Fall war. All die positiven Eigenschaften eines Hundes beispielsweise, machen sich Menschen heutzutage in verschiedenen beruflichen Sparten zu Nutze. Dabei wird das Tier stets als Partner angesehen.

Ausgebildet werden diese Hunde von speziell geschulten Fachkräften, welche spielerisch die Instinkte der Tiere ansprechen und sie so gezielt auf etwas konditionieren. Das entsprechende Tier denkt dabei jederzeit, es sei ein Spiel, weshalb viel mit Belohnung gearbeitet wird. Dadurch wird die Motivation entsprechend gefördert und die Neugier beibehalten. Im Bereich der heilpädagogischen Förderung gibt es ebenfalls speziell ausgebildete Tiere, welche die betroffenen Menschen bei der Bewältigung des Alltags unterstützen können.

Hierzu zählen beispielsweise Hunde, Kleintiere wie Hühner, Alpaka, Lamas, oder Pferde. Um Menschen mit einem erhöhten Unterstützungsbedarf begleiten zu können, haben alle Tiere eines gemeinsam: Sie sollten eine qualifizierte Ausbildung als Therapietier haben. Nur so kann eine adäquate und gezielte Förderung erreicht werden. Für Kinder kann der Einsatz von Tieren natürlich ein sehr wichtiger Faktor sein. Kinder haben in der Regel ein gutes Gespür für Tiere, verbringen gerne Zeit mit ihnen und haben dadurch die Möglichkeit, verschiedene Kompetenzen zu fördern.

Tiere können beispielsweise bei sehr introvertierten Kindern eine "Brücke" sein, damit diese sich öffnen können und Kommunikation möglich ist. Oftmals gab es schon Berichte über Kinder mit Autismus, welche große Schwierigkeiten mit der Kontaktaufnahme zu anderen Menschen hatten und mit einem Hund an ihrer Seite deutlich offener und emotionaler waren. An solchen Situationen erkennt man die Bedeutung, welche die Tiergestützte Pädagogik für die Arbeit mit Kindern haben kann, welche einen erhöhten Unterstützungsbedarf aufweisen.

Auch für mich persönlich ist dies eine der wichtigsten und schönsten Methoden, um Kinder zu begleiten und Teilhabe am gesellschaftlichen Leben möglich zu machen. Tiere spiegeln oft das Verhalten und die Emotionen der Menschen wieder, mit denen sie viel Zeit verbringen. Gerade bei Pferden ist der Einsatz unserer Körpersprache und Gestik ein wichtiger Aspekt der Kontaktaufnahme. So wie wir einem Pferd begegnen, wird es uns eine passende Reaktion darauf geben.

Demnach kann der Einsatz eines Therapietieres auch für Kinder hilfreich sein, welche eher zu unkontrollierter Impulsivität oder aggressiven Verhalten neigen. Diesen Kindern kann es dadurch möglich gemacht werden, ihr Verhalten entsprechend zu reflektieren und ihre Empathiefähigkeit zu fördern. In der Tiergestützten Pädagogik sollten Tier und Kind stets von einer geschulten Fachkraft begleitet werden. Auch wenn diese Tiere eine spezielle Ausbildung für ihre Tätigkeit haben, bleiben es trotzdem noch Tiere.

Und auch Kinder müssen den tiergerechten Umgang erst erlernen. Mittlerweile gibt es in Deutschland sehr viele Möglichkeiten, um Tiere in der heilpädagogischen Förderung einzusetzen. Sei es in Betreuungseinrichtungen, speziellen Höfen oder auch im Alltag. Sollten Sie sich für diese Art der Begleitung Ihres Kindes interessieren, lohnt es sich auf jeden Fall, für Ihre Region nach passenden Möglichkeiten zu recherchieren.

Vielen Kindern bleibt der Umgang mit Tieren im privaten Umfeld aus verschiedenen Gründen verwehrt. Demnach ist es natürlich auch schön, wenn es durch die tiergestützte Pädagogik die Möglichkeit gibt, den Kindern diese Erfahrung zu schenken. Der Umgang mit Tieren schafft eine sehr gute Basis, um sich bestimmte Kompetenzen anzueignen oder zu fördern:

- Verantwortungsbewusstsein
- Empathie
- Aufmerksamkeit/Konzentration
- Sinneswahrnehmung
- Geduld
- Kommunikation
- Freundschaft
- Motorik
- Gleichgewicht
- Sprache
- Innere Ruhe und Ausgeglichenheit
- Impulskontrolle
- Freude
- Entspannung
- Losgelassenheit

Sie sehen also, ähnlich der Reitpädagogik, ist auch die tiergestützte Pädagogik ein adäquates Mittel, um Kinder mit einem erhöhten Unterstützungsbedarf ganzheitlich fördern und begleiten zu können. Zudem zeigen die Kinder sehr viel Freude in der Arbeit mit Tieren und lassen sich auch gerne darauf ein. Durch den Einsatz der tiergestützten Pädagogik haben sie auch nicht unbedingt das Gefühl der "Therapie", oder des Beobachtetwerdens, was häufig bei anderen Methoden der Fall ist. Daher können Sie sich oftmals besser öffnen und sind motivierter.

Die Arbeit in der tiergestützten Pädagogik setzt natürlich, wie bei der Reitpädagogik bereits erwähnt, voraus, dass keinerlei Allergien oder Unwohlsein im Bezug auf das jeweilige Tier bestehen. Auch müssen natürlich entsprechende Hygieneregeln berücksichtigt werden, weshalb der Einsatz von Tieren in Kindertagesstätten beispielsweise eher noch selten beobachtet wird.

Dort gibt es einfach sehr viele Gegebenheiten, die berücksichtigt werden müssen, was oftmals schwierig umzusetzen ist. In Wohnheimen und anderen Betreuungs–einrichtungen hingegen sind Tiere mittlerweile schon häufiger anzutreffen. Die Vorteile, welche Menschen mit einem erhöhten Unterstützungsbedarf aus dem Einbezug von Tieren im Alltag ziehen können, sprechen sich immer mehr herum und viele Menschen möchten diese Form der Unterstützung anbieten und begleiten.

Stellen Sie sich doch einmal vor, Ihr Kind, welches sich sonst kaum verbal äußert und eher verschlossen wirkt, fängt plötzlich an, mit einem Tier zu kommunizieren, als hätte es nie etwas anderes gemacht. Ist das nicht eine wundervolle Vorstellung? Oder Ihr Kind, sonst sehr impulsiv und mit großen Schwierigkeiten, selbst zur Ruhe zu finden, setzt sich plötzlich neben ein Tier, schaut es an und genießt diese ruhige Zweisamkeit.

Versuchen Sie sich doch einmal ein Bild dazu im Kopf aus zu malen. Und dann wird Ihnen mit Sicherheit auch die Bedeutung bewusst, welche diese Art der Förderung für ein Kind haben kann.

Naturpädagogik

Für mich als Naturliebhaberin mit Weiterbildungen im naturpädagogischen Bereich, zählt diese ganz klar zu den Methoden der heilpädagogischen Förderung. Nehmen Sie sich doch einmal mit Ihrem Kind die Zeit, im nächstgelegenen Wald einen Ausflug zu machen.

Dann suchen Sie gemeinsam einen schönen Platz zwischen all den wundervollen Bäumen und legen sich mit dem Rücken auf den Boden. Alternativ können Sie natürlich auch sitzen. Dann lassen Sie Ihren Blick Richtung Baumkronen schweifen und halten diesen Moment im Inneren fest. Genießen Sie einfach den Moment, die Stille und die Geräusche. Lassen Sie sich von den verschiedenen Gerüchen begleiten und beobachten Sie dabei Ihr Kind. Wie fühlt es sich? Was spricht es?

Wie verhält es sich? Nehmen Sie Abstand von all dem Stress oder den Sorgen, die Sie begleiten und lassen sich auf den Moment der Naturerfahrung ein. Spätestens dann werden Sie verstehen, warum die Natur als Entwicklungsraum für Kinder so wichtig ist. Die Naturpädagogik ist keine explizite Förderung im Sinne der Heilpädagogik. Trotzdem kann sie Kinder in einer positiven Entwicklung unterstützen. Die Natur bedeutet für uns Menschen nicht nur ein Raum für Pflanzen, Blumen und Bäumen, sondern vor allem die Luft zum Atmen. Der Mensch kann ohne die Natur nicht existieren. Die Natur aber sehr wohl ohne den Menschen.

Ein nachhaltiger Umgang und Bildung nachhaltiger Entwicklung sollten daher für Kinder sehr wichtig sein. Der Lebensraum Wald kann bei Kindern verschiedene Kompetenzen stärken. Sei es Motorik, Wahrnehmung, Kognition oder auch Konzentration. Durch den Einsatz verschiedener Spiele, Angebote oder Projekte können Kinder mit einem erhöhten Unterstützungsbedarf durch die Naturerfahrung ihre Persönlichkeit stärken, sich Kompetenzen aneignen und fördern und soziales Miteinander erfahren. Entsprechend der jeweiligen Jahreszeit können vielfältige Möglichkeiten entstehen, Kinder in den Lebensraum Wald eintauchen zu lassen.

Ergotherapie

Der Bereich der Ergotherapie beschäftigt sich

hauptsächlich mit Methoden und Angeboten, welche darauf abzielen, dass ein Mensch mit erhöhtem Unterstützungsbedarf bestimmte Tätigkeiten ausführt und so die Wirkung auf sich selbst und seine Umgebung deutlich wird. Arbeiten werden nach den individuellen Bedürfnissen und Ressourcen jedes Menschen ausgewählt und vorhandene Beeinträchtigungen dadurch fachlich kompetent gefördert und begleitet.

Ergotherapeuten bilden somit einen wichtigen Kreis um die ganzheitliche Förderung von Kindern mit einem erhöhten Unterstützungsbedarf. Fachkräfte, welche im Bereich der Ergotherapie tätig sind, können sowohl mit den Kindern in Betreuungseinrichtungen, als auch in speziellen Praxen oder anderen therapeutischen Einrichtungen arbeiten.

Die unterstützende Förderung im Sinne der Ergotherapie wird in der Regel von Kinderärzten/-innen angeordnet. Beobachtungen von Ihnen als Eltern im familiären Kontext, als auch von Betreuungspersonal in entsprechenden Einrichtungen können wesentlich dazu beitragen, dass die Notwendigkeit einer solchen Verordnung untermauert wird.

Basale Stimulation

In der Basale Stimulation geht es darum, mit geziel-
ten Reizen auf den Körper eines Menschen dessen
Körperwahrnehmung anzusprechen und zu stärken.
Man möchte dadurch erreichen, dass ein Gefühl für
Wahrnehmung aktiviert und gefördert wird. Insbesondere im taktilen Bereich wird die basale Stimulation oft eingesetzt. Taktil bedeutet nichts anderes als
die Wahrnehmung über unsere Haut.

Die Haut ist das größte Organ des Menschen. Sie
umschließt den gesamten Körper und beinhaltet die
wohl größte Ansammlung an Nervenbahnen. Daher
ist gerade diese Art der Aktivierung in der heilpädagogischen Förderung auch ein sehr wichtiger Faktor.
Stellen Sie sich einmal vor, Sie laufen barfuß. Was für
Kleinkinder oft kein Problem darstellt, kann für Erwachsene oft unangenehm sein. Viele sind es nicht
mehr gewohnt, barfuß über verschiedene Untergründe zu gehen. Aber genau das sollten Sie noch
einmal ausprobieren.

Vielleicht fragen Sie sich, warum ich Ihnen das
vorschlage? Nun, die Haut an unseren Fußsohlen ist
mit sehr vielen Reflexzonen besiedelt. Viele kleine
Nervenstränge, welche sich durch die Haut ziehen.
Daher spüren wir gerade dort auch sehr viel. Nehmen Sie sich doch einmal die Zeit, mit Ihrem Kind

zuhause barfuß zu laufen, oder gehen Sie nach draußen in die Natur. Die Natur bietet vielfältige Untergründe, auf denen wir gehen und so unsere Körperwahrnehmung stärken können.

Sie werden merken, dass es einen großen Unterschied macht, ob man barfuß oder mit Schuhen unterwegs ist und vielleicht werden Sie dies ja auch wieder öfter machen. Sie können sich auch mit einer Feder oder anderen Materialien mit Ihrem Kind zusammensetzen, und verschiedene Bereiche der Haut berühren. Dabei spürt man, dass sich verschiedene Materialien auch anders anfühlen. Dadurch fällt es Kindern oft leichter, sich auf ihren Körper einzulassen und sich bewusst auf einen Reiz zu konzentrieren. Unsere Haut ist dafür ein sehr guter Partner. Einer der gängigsten Möglichkeiten für Basale Stimulation im heilpädagogischen Bereich ist sicherlich das "Snoezelen".

Hierbei werden mit verschiedenen Materialien, Licht, und Soundeffekten die Sinne eines Menschen angesprochen. Auch Formen von Vibrationen finden sich hier oft wieder. Viele Kinder mit erhöhtem Unterstützungsbedarf haben Schwierigkeiten, ihren eigenen Körper wahrzunehmen, oder sich auf einzelne Reize zu konzentrieren. Oft sind sie schnell überfordert, wenn zu viele verschiedene Reize auf sie einströmen. Beim Snoezelen lassen sich durch den Einsatz verschiedener Methoden einzelne oder kombinierte Sinne ansprechen.

Sie sehen also, auch diese Art der Förderung, kann (je nach Unterstützungsbedarf) für Ihr Kind in Frage kommen, auch wenn es keine reine Förderung im Sinne der Heilpädagogik ist.

Ebenso wichtige Bestandteile und somit Möglichkeiten zur heilpädagogischen Förderung sind:

Spieltherapie

Als wichtiger Faktor in der Heilpädagogik zielt die Spieltherapie darauf ab, Kindern die Rahmenbedingungen zu bieten, um sich selbst und den Alltag darstellen und entdecken zu können. Durch Spielen lassen sich somit verschiedene Möglichkeiten und Lösungsstrategien für verschiedene Situationen erarbeiten.

Gestalten und Werken

"Sage es mir, und ich vergesse es,
zeige es mir, und ich erinnere mich,
lass es mich tun, und ich behalte es." (Konfuzius)

Das Gestalten und Werken mit Naturmaterialien wie beispielsweise Holz, Steinen oder Ton, aber auch verschiedenen Farben und Kleister, kann Kinder bei der Sinneswahrnehmung unterstützen. Vor allem im taktilen Bereich. Durch diese Form der Unterstützung können Kinder eigenständig und eigenhändig Lernerfahrungen machen, was letztlich ihr Selbstvertrauen positiv beeinflussen kann.

Rhythmik

Musik und Rhythmik sind in der (heil-) pädagogischen Welt kaum mehr wegzudenken. Durch den Einsatz verschiedener Töne, Klänge oder auch Vibrationen können die Kinder eine ganzheitliche Förderung kennenlernen.

Psychomotorik

Unsere psychische Stabilität steuert jegliche Bewegungsmuster unseres Körpers. Bedeutet, so wie Sie sich fühlen, bewegen Sie sich auch. Dies äußert sich sowohl im Gangbild, als auch der Mimik oder Sprache. Angebote im Sinne der Psychomotorik zielen also darauf ab, Verknüpfungen zu diesen Aspekten herzustellen und die Kinder entsprechend zu unterstützen.

Entwicklungsförderung

Durch entsprechende Kenntnisse im Bereich der kindlichen Entwicklung können Rückschlüsse auf einen möglichen Unterstützungsbedarf gezogen werden. Daraus resultiert dann eine entsprechende Förderung gemäß des Entwicklungsstandes des Kindes.

Förderung - Eine Notwendigkeit?

I n den vorangegangenen Artikeln haben wir uns hauptsächlich mit der tatsächlichen Begleitung im Sinne der Heilpädagogik befasst. Ebenfalls ein wichtiger Denkanstoß ist allerdings auch die Kernfrage: „Ist die heilpädagogische Förderung notwendig, oder nicht?

" Daher möchte ich mit Ihnen gemeinsam in diesem letzten Kapitel der Frage auf den Grund gehen und Ihnen eine Hilfestellung aufzeigen, für sich selbst, aber vor allem für Ihre Kinder, diese Frage sinnvoll und bedürfnisorientiert beantworten zu können. Die Möglichkeit, heilpädagogische

Förderung und Unterstützung erhalten zu können, ist für viele Eltern ein wichtiger Schritt. Es ist gut, dass Deutschland diesbezüglich in den letzten Jahrzehnten mit entsprechenden Institutionen und Ausbildung/Studium für interessierte Fachkräfte ein vielfältiges Spektrum an Beratung und Begleitung aufgestellt hat. Auch im Sinne der Inklusion und Akzeptanz hat es mittlerweile in der Gesellschaft schon ein Umdenken gegeben. Allerdings ist dies, meiner Meinung nach, noch sehr ausbaufähig. Kinder mit einem erhöhten Unterstützungsbedarf können in der heutigen Zeit ein sehr gutes Netzwerk an Unterstützung erhalten und haben so die Möglichkeit, schon in der frühen Kindheit entsprechend ihrer Ressourcen begleitet zu werden.

Dadurch erhalten sie auch für die Zukunft ganz andere Möglichkeiten, ihr Leben zu gestalten, als dies noch vor 50 Jahren der Fall war. Allerdings muss man auch ganz klar sagen, dass viele Kinder zu früh und teilweise zu Unrecht in eine heilpädagogische "Schublade" gesteckt werden. Zeigen sich Kinder beispielsweise sehr bewegungsfreudig und aktiv, bekommen sie oft vorschnell von Außenstehenden die Diagnose ADHS. Oder man sagt ihnen nach, sie hätten keine Impulskontrolle. Auch eher introvertierte, ruhige Kinder werden oftmals voreilig "stigmatisiert".

Durch Inklusionsgedanken und die Umsetzungen in Betreuungseinrichtungen wird die Gesellschaft natürlich auch mehr mit Kindern konfrontiert, welche einen erhöhten Unterstützungsbedarf aufweisen. Demnach vermuten Laien oft genau diesen bei Kindern, wenn sie offensichtlich nicht der Norm entsprechen oder mal "aus der Reihe tanzen". Die Individualität von Kindern erkennen und vor allem zu akzeptieren, scheint meiner Meinung nach ein immer größer werdendes Problem darzustellen. Man versucht dann, das Anderssein eines Kindes mit Unterstützungsbedarf gleichzusetzen. Und oftmals ist das eine völlig unhaltbare, naive Sichtweise. Sie und ich wissen ja bereits, dass Beobachtungen aus einer Momentaufnahme heraus nicht zu einer heilpädagogischen Diagnose herangezogen werden können.

Viele wissen das allerdings nicht. Daher möchte ich Sie darin motivieren, bei Ihrem Kind nur auf eigene Aussagen und Beobachtungen, sowie auf die Beobachtungen von fachlich qualifiziertem Personal zu vertrauen. Zu entscheiden, ob für ein Kind heilpädagogische Förderung sinnvoll und hilfreich wäre oder nicht, liegt letztlich in der Hand von entsprechenden Institutionen und Fachkräften. Wir können lediglich durch gezielte und langfristige

Beobachtungen den Grundstein für eine adäquate und kompetente Beratung und Diagnose liefern.

Kinder haben stets das Recht, in ihrer individuellen Persönlichkeit angenommen und respektiert zu werden. Dies ist einer der wichtigsten Werte, welchen wir unseren Kindern mitgeben sollten. Natürlich ist es auch möglich, einzelne Elemente aus dem TEACCH Konzept für Kinder bereitzustellen, ohne dass diese einen erhöhten Unterstützungsbedarf aufweisen. Einfach, weil es Kinder zusätzlich bei der Bewältigung des Alltags unterstützen kann. Nicht jedes Kind, dem heilpädagogische Förderung gut tut, ist auch automatisch an einen erhöhten Unterstützungsbedarf gebunden. Und gleichzeitig müssen wir uns davor hüten, alle Kinder, deren Persönlichkeit auf irgendeine Weise nicht in eine gesellschaftlich festgelegte Norm passt, zu stigmatisieren. Sollten Sie bei Ihrem Kind eine Beobachtung machen, welche Ihnen Sorgen bereitet, oder Sie sich nicht sicher sind, ob Ihr Kind einen erhöhten Unterstützungsbedarf aufweist, halten Sie Rücksprache mit etwaigen Betreuungspersonen und bitten um ähnliche Beobachtungen. Somit können Sie sich bei entsprechenden heilpädagogischen Institutionen Beratung und Unterstützung zu Ihrer Situation einholen.

Damit Ihre Familie die Begleitung erhalten

kann, welche sie auch definitiv benötigt. Und bitte erinnern Sie sich an den Satz, der dieses Buch eingeleitet hat: "Niemand ist perfekt, daher ist jeder Mensch auf seine eigene Art und Weise beeinträchtigt." Wir alle bewegen uns auf dieser Welt mit individuellen Ressourcen, Stärken, aber auch Schwächen. Und jeder Mensch trägt seine ganz persönlichen Schwächen mit sich. Manchmal mehr, manchmal weniger stark ausgeprägt. Aber die Individualität eines jeden Individuums ist ein äußerst wichtiger Faktor. Genau das ist es, was Ihre Kinder erfahren sollten. Respekt, Toleranz und Unterstützung für ihre ganz eigene Persönlichkeit. Und wer, wenn nicht Sie als Eltern, könnte einem Kind genau das vermitteln.

Ich hoffe, Sie konnten aus diesem Buch etwas für sich und Ihre Familie mitnehmen und zumindest ich bin mir sicher, dass Sie Ihr Kind, begleitet von entsprechenden Fachkräften, auch im Sinne der heilpädagogischen Förderung liebevoll und unterstützend begleiten können.

Herstellung und Verlag:

BoD – Books on Demand, Norderstedt

ISBN: 9783752670684

1. Auflage

Kontakt: Psiana eCom UG/ Berumer Str. 44/ 26844 Jemgum

Covergestaltung: Fenna Larsson

Coverfoto: depositphotos.com